Yf 9732

LES MUSES RIVALES,

EN UN ACTE,

ET EN VERS LIBRES,

Représentées pour la premiere fois, par les Comédiens Français, le 1er. Février 1779.

Par M. DE LA HARPE,

DE L'ACADÉMIE FRANÇAISE.

Discite justitiam moniti.
Virg.

Le prix est de 24 sols.

A PARIS,
Chez PISSOT, Libraire, quai des Augustins.

M. DCC. LXXIX.

PRÉFACE.

» Voici ce que dit un Auteur Chinois, » traduit en Espagnol par le célebre *Na-* » *varette.*

» Si tu composes quelque ouvrage, ne » le montre qu'à tes amis; crains le Public » & tes confreres; car on falsifiera, on » empoisonnera ce que tu auras fait, & » on t'imputera ce que tu n'auras pas fait. » La calomnie, qui a cent trompettes, les » fera sonner pour te perdre, tandis que » la vérité, qui est muette, restera auprès » de toi. Le célebre *Ming* fut accusé d'a- » voir mal pensé du *Tien* & du *Li* & de » l'Empereur *Vang.* On trouva le vieillard » moribond qui achevait le panégyrique » de *Vang,* & un hymne au *Tien* & au » *Li,* &c. *Volt....*

A
MADAME DENIS.

Madame,

En payant ce tribut à la mémoire d'un grand homme qui m'honorait de son amitié, j'ai rempli le premier de mes devoirs. Je crois m'acquitter du second, en vous offrant

ÉPITRE

cette Piéce que le nom de M. de Voltaire & le souvenir de ce qu'on lui devait, ont fait accueillir au Théâtre. Si ce triomphe que la reconnaissance publique a décerné à ses mânes, n'a pas suivi de plus près celui dont nous avons vû jouir les derniers jours de sa vieillesse, vous savez, MADAME, quels obstacles m'ont arrêté. Vous n'ignorez pas aujourd'hui que cette Piéce a été composée peu de tems après que nous l'eûmes perdu (a). Vous vous rappellez les circonstances qui ont suivi sa mort, & quelle réserve elles m'imposaient. Il fallait attendre & se taire. La patience & le secret

----

(a) Elle était entre les mains de M. le Comte d'Argental, dans les premiers jours de Septembre, & c'est ce respectable ami de M. de Voltaire qui sans connaître l'Auteur des *Muses Rivales*, a bien voulu prendre tous les soins nécessaires pour la représentation de la Piéce.

DÉDICATOIRE.

étaient d'une nécessité indispensable ; & si l'une devint ensuite pour moi d'un usage pénible, l'autre, que je portais dans mon cœur, servait à me consoler de tout.

Cet hommage tout faible qu'il est en lui-même, intéressera sans doute la Niéce de M. de Voltaire, celle qui fut trente ans sa compagne inséparable, & qui n'a point eu de sentiment plus cher & plus sacré que celui de la tendresse & de la vénération qu'elle lui portait. Personne n'a sû mieux que moi, MADAME, combien les soins que vous aimiez à lui rendre, lui étaient précieux & nécessaires ; & qui peut ignorer qu'au milieu des jouissances de la gloire, on a souvent besoin des consolations de l'amitié ? On sait combien la vôtre fut active & coura-

ÉPITRE

geuse. L'histoire de la vie de M. de Voltaire sera votre plus bel éloge, & vous rendra chere à tous ceux qui l'ont aimé. Une auguste Souveraine qui lui avait donné les marques les plus flatteuses & les plus distinguées d'une bonté particuliere, a cru ne pouvoir mieux honorer sa mémoire, qu'en répandant les mêmes faveurs sur la plus tendre amie qu'il ait eue, sur celle qui a pris soin d'embellir la derniere moitié de sa longue carriere.

C'est aux habitans de l'heureuse Colonie qu'il a fondée & qui le pleure, à rendre témoignage à vos vertus bienfaisantes : c'est à eux à publier tout le bien que vous y avez fait avec lui. Le dernier présent dont Ferney vous est redevable, & le plus beau

DÉDICATOIRE.

Sans doute, c'est, MADAME, votre charmante Eleve (a), que vous leur avez donnée pour protectrice. Formée sous vos yeux, adoptée par leur bienfaiteur, combien elle doit leur être chere ! combien ils doivent aimer cette bonté naturelle dont le sentiment est dans son ame, & l'expression dans tous ses traits ! La reconnaissance qu'elle vous conserve est le garant de leur bonheur, & c'est à elle, c'est à son heureux époux, d'achever l'ouvrage de M. de Voltaire, & le vôtre.

Je suis avec un respect infini,

MADAME,

Votre très-humble & très-
obéissant serviteur,
DE LA HARPE.

(a) Madame la Marquise de Villette à qui Ferney appartient aujourd'hui.

PERSONNAGES.

APOLLON.
MERCURE.
MOMUS.
URANIE.
ERATO.
CALLIOPE.
CLIO.
THALIE.
MELPOMÉNE.
EUPHROSINE.

Les deux autres Graces, personnages muets.

La Scene est au Parnasse.

Le Théâtre représente un Bocage orné de tous les atrributs des Arts.

LES MUSES RIVALES.

SCENE PREMIERE.

ERATO, URANIE.

ERATO.

C'est donc en ces beaux lieux, c'est dans ce sanctuaire,
    Aux arts de tout tems consacré,
    De leurs attributs décoré,
Que les Muses bientôt vont recevoir Voltaire.
Mercure qu'Apollon vient de lui dépêcher,
Déjà dans l'Elisée est allé le chercher.
    Le puissant Dieu de l'harmonie
    Sépare ce mortel heureux
    De la foule des morts fameux,
    Qu'il surpassa pendant sa vie.
    Il l'appelle, & lui-meme enfin
    Lui veut assurer un destin
    Unique, ainsi que son génie.
    Il prodigua tous ses bienfaits
Sur ce rare Ecrivain que lui-même il admire;

LES MUSES

Il prétend parmi nous le fixer à jamais :
Avec lui du Parnasse il partage l'empire.
    Mercure ici doit l'amener.
Mais d'un hôte si grand digne dépositaire,
Qui de nous, ô ma sœur ! présentera Voltaire
    Au Dieu qui va le couronner ?
    Nous briguons toutes cette gloire.

URANIE.

Nous l'avons toutes inspiré.

ERATO.

Mais à qui cet honneur sera-t-il déféré ?
    Qui doit obtenir la victoire ?

URANIE.

De chacune de nous également chéri,
Notre divinité lui fut toujours propice.

ERATO.

Mais celle dont surtout il fut le favori,
    Doit seule être sa conductrice.

URANIE.

Y prétendriez-vous ?

ERATO.

          Mais je crois le pouvoir,
Et j'ai bien quelques droits que je ferai valoir.
    A l'Amour Erato préside ;
J'apprends à le chanter ; j'embrase de ses feux
    L'auteur qui me prend pour son guide,
Et je me plais surtout aux amours malheureux.

Je transforme en poëte un amant qui soupire ;
J'amollis sous ses doigts les cordes de sa lyre.
De Tibulle autrefois j'ai recueilli les pleurs ;
De ses tendres chagrins j'étais la confidente,
Et seule je donnais à sa voix gémissante,
Ce charme que l'amour fait mêler aux douleurs.
Je permets quelquefois, par caprice ou par grace,
  A d'aimables voluptueux,
  De m'intéresser à leurs jeux.
Je fus assez souvent assise auprès d'Horace,
  Quoiqu'il m'ait fait rougir un peu.
J'aimais à répéter les chansons de Chaulieu,
  Et souris à l'esprit d'Ovide.
Je cadençai les vers du sensible Quinault.
Aux bords de l'Eridan je pris un vol plus haut :
Le Tasse eut mes crayons, quand il peignit **Armide**.
Deux Poëtes surtout, deux Chantres adorés,
De mes dons les plus beaux se virent honorés.
De grace & de douceur je composai leur style.
Au bucher de Didon je transportai Virgile.
Dans ce tableau funeste il épuisa mon art ;
Moi-même de mes pleurs j'arrosai le poignard.
Je le remis depuis dans les mains de Racine ;
Erato fut sa Muse, & ma faveur divine
En a fait mon élève, en a fait pour toujours
Le poëte du cœur, le peintre des amours.
C'est au seul Apollon, ou bien à Melpomène,
D'assigner à leur gré la palme de la scène.
Je ne décide point ; mais si l'on croit enfin
Ce sèxe, de l'amour le Juge souverain,
Qui doit au sentiment & ses droits & ses charmes,
Si l'on en croit ses yeux embellis par les larmes ;

A tous mes titres les plus doux,
Voltaire en joignit un qui les surpasse tous.
Il sut porter plus loin les talens que j'inspire,
Et pour qui sait aimer, mon chef-d'œuvre est Zaïre.

URANIE.

Ce titre est assez beau ; mais, soit dit entre nous,
  Croyez-vous donc que Melpomène
  Ne le réclame pas sur vous ?
  Pour moi, je ne suis pas si vaine,
Et l'austère Uranie aime peu les débats.
J'ai mes droits comme une autre, & ne veux rien prétendre.
Dans vos rivalités, dans tous ces vains éclats,
  Je ne veux point me faire entendre.
C'est bien assez pour moi, parmi mes favoris,
  D'avoir jadis compté Voltaire;
C'est assez que lui seul, de tant de grands esprits,
De vos dons séduisans & de vos arts épris,
  Ait pénétré mon sanctuaire.
Je marchai, je l'avoue, au-devant de ses pas;
J'osai me présenter devant l'auteur d'Alzire,
  Et je plaçai près de sa lyre
  Mon astrolabe & mon compas.
J'ouvris à ses regards les sphères infinies.
Il rencontra Newton dans les hauteurs des Cieux.
C'est moi qui rapprochai ces deux vastes génies;
  Ils s'entretinrent sous mes yeux.
  J'obtins ma juste récompense.
Heureux d'avoir appris mes immortels secrets,
Voltaire à mes leçons prêta son éloquence,
  Et m'embellit de ses attraits.
J'empruntai de ses vers la parure pompeuse.

RIVALES.

Je parus, étalant des vêtemens nouveaux,
Et gardant, sous les traits dont m'ornaient ses pinceaux,
 Une beauté majestueuse.
Je ne dus qu'à lui seul ces brillans attributs;
 C'est par lui que la Poësie
Fit entendre des sons aux mortels inconnus,
 Et que le voile d'Uranie
 Devint l'écharpe de Vénus.
C'est de ce jour aussi que l'ame de Voltaire
 S'enflamma pour la verité;
Et vos illusions, si bien faites pour plaire,
N'en effacerent point la févère beauté.
Il poursuivit l'erreur, ce tyran de la terre,
Le fanatisme affreux *, par l'erreur enfanté;
 Et le malheur & l'innocence
Imploraient son génie en leur faveur armé;
Sa voix osait parler à l'injuste puissance,
Et devant l'univers plaidait pour l'opprimé.
 Graces à son zèle intrépide,
L'esprit des nations, trop long-tems arrêté,
 A pris un mouvement rapide,
 Que suivra la postérité.
Voilà, voilà, ma sœur, des titres respectables;
Je les rappelle ici sans nulle vanité.
 Contente de l'utilité,
 A vos fictions agréables
Je ne dispute point leur charme si vanté.
 Ce n'est pas au pays des fables,

---

* Voyez avec quelle force il a peint le fanatisme des Bonzes, des Fakirs, &c. &c.

Qu'on couronne la vérité.
Mais j'apperçois Thalie, & toujours prête à rire.

SCENE II.
ERATO, URANIE, THALIE.

THALIE.

Mais je ris volontiers, & c'eſt aſſez mon goût;
Les ris, vous le ſavez, ſont nés ſous mon empire.
La mode, il eſt vrai, paſſe, & le tems change tout;
On veut me les ôter; mais vous, par aventure,
Étiez-vous toutes deux en conteſtation
  Sur le meſſage de Mercure?
  Vous parliez avec action.
Je ne préſume pas, ou je ſuis fort trompée,
Que tout l'art d'Apollon puiſſe vous accorder.
Calliope & Clio, l'Hiſtoire & l'Epopée,
  Ne ſont pas d'humeur à céder.
Ce n'eſt pas tout encor, mes ſœurs, & Melpomène?
Je crois déjà la voir & l'entendre tonner.
  Oh! vous verrez la bonne ſcène
  Que ces débats vont nous donner.
Je cherche à m'amuſer de tout ce qui ſe paſſe;
  J'obſerve & me tiens à l'écart.
Le Burin, la Trompette & ſurtout le Poignard,
  Vont diviſer tout le Parnaſſe.

URANIE.

La paiſible Thalie y prendra peu de part.

RIVALES.
THALIE.

Je me rends justice sans peine,
   Il faut que chacun ait son tour.
Ce fut jadis le mien : j'ai régné sur la scène;
Mais votre grand Voltaire à ma sœur Melpomène
   A fait assidûment sa cour.
Ce fut par passe-tems qu'il me rendit visite.
Je n'en rendrai pas moins hommage à son mérite.
J'aime ses Euphémons ; je leur applaudis fort,
Et mon ami Préville est charmant dans Friport.
Je conserve ses ces fruits de sa plume immortelle.
Je conviens qu'avant moi d'autres doivent passer;
Je vous laisse briguer la place la plus belle;
Mais, Nanine à la main, je prétends l'embrasser.

ERATO.

Je cours près d'Apollon me ranger la premiere;
   C'est à lui seul de nous juger.
                         (Elle sort.)

URANIE.

Moi, je vais m'informer de notre Messager.
Adieu, Thalie.
      (Elle sort.)

SCENE III.

THALIE *seule*.

On vient. A sa démarche altiere,
Je reconnais Calliope ma sœur.
Elle a l'air d'avoir de l'humeur.
Clio la suit, & moi, pour achever la scène,
Je m'en vais chercher Melpomène,
Les mettre aux prises toutes trois.
Je ne sais pas pourquoi je ris de leurr querelles;
Car si j'avais les mêmes droits,
Ma foi, j'en ferais autant qu'elles.

SCENE IV.

CLIO, CALLIOPE.

CALLIOPE.

Eh! quoi! dans ce grand jour, vous pensez précéder
La Muse de Virgile & du Tasse & d'Homère?
Ce serait à moi de céder!
Sur le Pinde toujours j'ai marché la première.

CLIO.

Vous l'avez prétendu; mais cette primauté
Pourrait bien être une chimere;
Et la loi de l'égalité
Doit paraître plus sage & nous être plus chère.

RIVALES.
Les arts sont frères & rivaux:
Eclairer les humains & consoler la terre,
Voilà le but de leurs travaux,
Et cet auguste emploi les a faits tous égaux.
Leur émulation s'excite
Par la diversité des goûts & des esprits.
Tel préfere les pleurs, & tel autre les ris;
L'un vit avec Homère & l'autre avec Tacite.
Les mortels occupés du sort des nations,
S'amusent des accens de votre voix brillante;
Mais ils ont pour objet d'une étude constante,
Mes solides instructions.

CALLIOPE.

C'est moi qui de Voltaire illustrai le jeune âge.

CLIO.

Il courtisa Clio dans sa maturité.

CALLIOPE.

Le chantre de Henri, dont je dictai l'ouvrage,
Me dut ses premiers droits à l'immortalité.
De cet éclat naissant la France fut frappée;
A ses titres d'honneur il manquait l'Epopée.
On fit ce seul reproche au siècle de Louis;
Èt Voltaire, à vingt ans, en vengea son pays.

CLIO.

De ce siècle fameux je lui traçai l'histoire;
J'ordonnai sous ses mains cet immense tableau.
Je broyai les couleurs qu'employa son pinceau.
Aux Courtisans de la Victoire,
Il montra ce Héros, l'épouvante du Nord,

Et dont le nom rappelle au temple de Mémoire,
    Toutes les faveurs de la gloire,
    Et tous les outrages du fort.
Là, j'ai de mon Burin signalé l'énergie ;
Moi-même j'ai placé ces chefs-d'œuvres nouveaux,
    Près des monumens les plus beaux
    De la Grèce & de l'Italie.
    Il en est un où l'avenir
Doit reconnaître encore une main plus robuste
Quand Voltaire éleva cet édifice auguste,
Il bâtit sans modèle, & dût seul en servir.
    Là, tous les peuples de la terre,
Sont à mon tribunal par sa voix appellés ;
Il fixe sous ses yeux les siècles écoulés,
    Interroge leur caractère,
Les crimes du pouvoir & les erreurs des loix ;
Partout, il cherche l'homme, & lui rend tous ses droits ;
Partout, des oppresseurs il brise la statue,
    Et relevant avec grandeur
L'humanité sacrée, à leur pieds abatue,
Comme il en est le peintre, il en est le vengeur.

CALLIOPE.

Moi, dans des vers divins, j'ai consacré l'image
    Du Roi le plus cher aux Français,
Sujet le plus heureux du plus heureux ouvrage.
Voltaire n'a point eu de plus brillant succès.
J'abjurai pour lui seul ces fictions antiques,
Dont la Grèce emprunta le charme de ses vers;
    De ces mensonges poétiques
Ma voix assez long-tems amusa l'univers.
Le Chantre de Henri dut plaire sans la fable ;

RIVALES.

L'Epopée eut alors de plus mâles attraits,
    Et pour un héros véritable
    Employa des crayons plus vrais.
Ce n'est plus cet Achille, armé par un Dieu-même,
Achille invulnérable, écrasant les mortels ;
C'est un Roi bienfaisant, dont les soins paternels
Nourrissent des sujets qu'il combat & qu'il aime.
Voltaire éternisa ce triomphe suprême.
O Henri ! désormais ensemble confondus,
Et ton nom & le sien iront, malgré l'envie,
De la postérité recevoir les tributs ;
    On adorera son génie
    Aussi long-tems que tes vertus.
On dira qu'à lui seul j'ai remis ma Trompette.
Cet unique bienfait l'emporte sur vos droits,
Autant que le Héros qu'a chanté mon Poëte,
    L'emporta sur les autres Rois.
Vous ne répondez rien... Mais voici Melpomène.

SCENE V.

CLIO, CALLIOPE, MELPOMÈNE.

MELPOMENE.

Qu'ai-je entendu, mes sœurs ? est-il vrai qu'aujourd'hui
    Par une rivalité vaine,
On me dispute un droit dont je me crus certaine,
Et la seule douceur qui reste à mon ennui ?
C'était donc peu des pleurs qu'il m'a fallu répandre.
Au tombeau de le Kain, objet de ma douleur !

J'ai dans la même tombe à la fois vu descendre,
    Et mon poët & mon acteur.
J'ai perdu de mon art le modèle suprême.
Voltaire, hélas, n'est plus! Et quand je pense au moins
A son ombre, en ces lieux, rendre mes derniers soins,
Et devant Apollon le conduire moi-même,
De tout ce que j'ai fait on veut m'ôter le prix!
Je souffrirai qu'une autre à ses honneurs préside!
    Qu'une autre enfin serve de guide
    Au plus grand de mes favoris ?
Et sur quoi fondez-vous l'orgueil qui vous enivre?

CALLIOPE.

Je chante les Héros.

CLIO.

Moi, j'enseigne à les suivre.

MELPOMÈNE.

Melpomène les fait revivre.
Né pour m'appartenir, de mon art enchanteur,
Voltaire, au premier pas, atteignit la hauteur;
Et prompt à s'élancer loin des bornes prescrites,
Recula de cet art les antiques limites.
Le Théâtre, aggrandi sous son brillant pinceau,
Offrit des Nations le mobile tableau,
Fit passer sous les yeux les rapides images
Des préjugés, des mœurs, des loix & des usages.
Le cœur toujours ému, de plaisir transporté,
S'ouvrant au sentiment, reçut la vérité.
Ainsi des passions que le Théâtre exprime,

Voltaire sut tirer la morale sublime;
Et ne se bornant à de stériles pleurs,
Attendrit les humains pour les rendre meilleurs.
Quelles hautes leçons donna l'Epoux d'Alzire,
Séide, au nom du ciel assassinant Zopire!
Et sous quelles couleurs il a représenté
Ce Mahomet sublime en son atrocité!
Combien a de mon art signalé la magie,
Ce chef-d'œuvre effrayant d'horreur & d'énergie!
Que ne puis-je à vos yeux offrir ici, mes sœurs,
La scène qu'animaient ses talens créateurs!
Que de Zaïre, ô ciel! la voix avait de charmes!
Que Mérope & son fils ont fait verser de larmes!
C'est peu de raconter; non, mes sœurs, venez voir
Aménaïde en pleurs, Tancrède au désespoir,
Au tombeau de Ninus, Sémiramis mourante,
Ninias & le fer que tient sa main sanglante,
Idamé prosternée aux genoux de Gengis,
Et Brutus ordonnant le trépas de son fils,
Vendôme ivre d'amour & forcené de rage,
Et Zamore si grand dans sa fureur sauvage.
Voyez à ce spectacle un peuple rassemblé,
A la voix du poëte incessamment troublé;
Voyez les mouvemens de cette foule immense;
Entendez les sanglots sortir d'un long silence,
Et l'amour, la pitié, la joie & les douleurs,
Ne formant qu'un seul cri du cri de tous les cœurs.
C'est là, si vous l'osez, mes sœurs, qu'il faut vous rendre;
Et s'il est vrai qu'au prix que je dois remporter,
  Vous puissiez encore prétendre,
  C'est là qu'il faut le disputer.

LES MUSES

CLIO.

Vous avez vaincu, Melpomène,
Je ne saurais vous réfister.

CALLIOPE.

Peut-être plus long-tems je pourrais contefter;
Mais le cœur eft pour vous, & ce juge m'entraîne.
Je cède... Eh! quoi? Momus!

SCENE VI.

MELPOMÈNE, CLIO, CALLIOPE, MOMUS.

MOMUS.

Le Dieu de la gaîté
Doit être de toutes les fêtes.
Je fais les apprêts que vous faites;
J'efpère parmi vous n'être point rebuté.
On dit qu'à votre Cour vous appellez Voltaire;
Il recevra mon compliment:
Nous fommes bons amis, vraiment;
Et quand vos grands objets (foit dit fans vous déplaire)
Avaient fatigué fon cerveau,
Je venais fans cérémonie
Me gliffer près de fon bureau
Et lui conter quelque faillie.
J'en fus toujours très-bien traité;

RIVALES.

Je ne veux point m'en faire accroire;
Mais j'étais bon à sa santé,
Et ne nuisis point à sa gloire.
Nous causions tous les deux : il avait plus d'un ton,
Et goûtait volontiers le nôtre.
Tout Français est gai, nous dit-on,
Et Voltaire en ce sens fût plus Français qu'un autre.
C'est pour le délasser qu'avec lui j'ai vécu.
Je doute qu'on me le reproche.
J'ai dicté les *vous* & les *tu*
Et j'ai Candide dans ma poche.

CLIO.

Seigneur Momus, ici soyez le bien venu.

MOMUS.

Mais je le suis partout, & dans l'Olympe même,
Où du grand Jupiter la majesté suprême
Se divertit de mes bons mots,
Et déride son front à mes joyeux propos.
A mes jeux Minerve s'abaisse,
Et permet que les ris soient près de la sagesse.
Mais ce qui doit sur-tout me donner du renom,
J'ai fait rire jusqu'à Junon;
Ce jour-là Jupiter la trouva plus jolie.
Aux Dieux comme aux mortels, je suis d'un grand secours.
Sans moi dans l'Olympe on s'ennuie,
Tout comme dans les autres Cours.

CLIO.

Votre gaîté vive & légère
N'est point au Parnasse étrangère.
Thalie est avec vous, ce me semble, assez bien.

MOMUS.

Je dois vous l'avouer : je me plais sur la terre.
Il est vrai que des gens dont l'humeur est austère
    Par fois m'y traitent en vaurien,
Me refusent d'abord l'accès que je demande ;
Mais de leur échapper le moyen est aisé :
Caché sous le manteau, je passe déguisé,
    Et comme un Dieu de contrebande.
    Ainsi je les mets en défaut ;
Eux-mêmes quelquefois usant de complaisance,
    Ils m'ont dit avec indulgence :
» Ris, on te le permet ; rire est ce qu'il nous faut ;
» Mais ne te nomme pas, & ne ris pas trop haut.

CALLIOPE.

Cet avis est un bon office.

MOMUS.

Oh ! vraiment sans cela je vous aurais conté
Les folâtres accès de verve & de gaîté,
    Où j'eus Voltaire pour complice ;
Nous y mettions par fois quelque peu de malice.
    Mais il faut bien être discret ;
Le public même ici me prescrit de me taire ;
Son exemple est pour moi la leçon du mystère ;
Ce public, qui sait tout, nous garde le secret.

CALLIOPE.

Momus est devenu bien sage.

SCENE VII.
MELPOMÈNE, CLIO, CALLIOPE, MOMUS, APOLLON, LES GRACES, ERATO, THALIE, URANIE, EUTERPE, THERPSICORE, POLYMNIE.

MOMUS.

Ah ! je puis donc enfin au Seigneur Apollon
    Préfenter ici mon hommage.
Quoi ! les Graces auffi dans le facré Vallon !

APOLLON.

Elles daignent fouvent m'accorder leur préfence.
Aux Graces, comme aux Arts, ce Temple eft confacré.

EUPHROSINE.

En des lieux où Voltaire a droit d'être honoré,
    On eût remarqué notre abfence.
Nous avons toutes trois entouré fon berceau,
Et c'eft à nous qu'il dut, dans le cours de fa vie,
Cette facilité, le préfent le plus beau
    Que nous puiffions faire au génie.
Les Graces à Voltaire ont appris leurs fecrets,
    Cet art de briller fans parure,
D'être grand fans effort, élégant fans apprêts,
Et de refter toujours auprès de la nature.

Il a composé sous nos yeux
Ces bagatelles si charmantes;
Et tous ces riens si precieux,
De son goût délicat inimitables jeux,
Et de l'esprit français les fleurs les plus brillantes.
Nous cultivions son goût & son urbanité;
Et ceux que touche sa mémoire,
En déplorant sa perte, ont encor regretté
Ces agrémens si doux dans la société,
Qui font pardonner à la gloire.

APOLLON.

La sienne m'est bien chère, & vous allez le voir.
Les honneurs que pour lui j'apprête....
Mais écoutons Mercure : il est tems de savoir
Si nous aurons ici le Héros de la fête.

RIVALES.

SCENE VIII ET DERNIERE.

LES ACTEURS PRÉCÉDENS, MERCURE.

MERCURE.

Je ne saurais vous en flatter.

APOLLON.

Comment, il faut que j'y renonce ?
Quoi !

MERCURE.

Très-fidèlement je vais vous rapporter
 Et mon message & sa réponse.
Dans l'Elisée à peine on le faisait entrer,
Quand je suis descendu sur cet heureux rivage;
Et le premier objet qui vint à son passage,
C'est ce Roi si chéri qu'il a su célébrer.
 D'un mouvement involontaire,
Le chantre & le héros l'un vers l'autre ont volé;
Et l'Elisée a vu, sur leurs pas rassemblé,
 Henri quatre embrassant Voltaire.
Je m'approche, & lui dis que pour le couronner,
 Apollon le mande au Parnasse.
 » De ses bontés je lui rends grace,
(Me répond-il) » vers lui vous pouvez retourner.
» Je retrouve l'objet de mon culte fidèle.
» Tout ce que vous m'offrez serait d'un moindre prix.

» Si j'ai vécu trop peu fous le jeune Louis,
» Je demeure à jamais auprès de fon modèle. «

APOLLON.

Il dût faire un tel choix, & j'y dois déférer.
Si de le posséder nous perdons l'avantage,
  Au moins rendons à fon image
Les honneurs que pour lui j'aimais à préparer.

(*Le fond du Théâtre s'ouvre, & l'on voit la statue de Voltaire.*)

Graces, couvrez-la de guirlandes.

(*Les Graces l'entourent de chaînes de fleurs, au fon des instrumens.*)

Arts, sujets d'Apollon, portez-lui vos offrandes.
Muses, vos attributs font les siens désormais.

(*Chacune des Muses porte aux pieds de Voltaire l'attribut qui la distingue.*)

Suivez l'exemple que je donne.
Moi-même sur son front je pose ma couronne.

(*Apollon le couronne de ses lauriers, au bruit des fanfares.*)

Que Voltaire soit à jamais,
Et le Dieu du Théâtre & l'Apollon Français.

Vous, Therpsicore, Euterpe & Polymnie,
Qu'à sa gloire aujourd'hui vos jeux soient consacrés.
Il faut que tous les arts honorent son génie,
  Puisqu'il les a tous honorés.

(*On danse autour de la statue.*)

RIVALES.

APOLLON.

Et vous à qui ma voix saura se faire entendre,
Vous, ses concitoyens, mes plus chers favoris,
Peuple heureux, dont la gloire ira partout s'étendre
  Avec celle de ses écrits;
Parmi vous à jamais consacrez cet hommage
Que nous venons de rendre à ses mânes chéris;
  Que chez vos neveux attendris
  Il soit répété d'âge en âge.
Je reçois par vos mains les tributs les plus doux
Des beaux arts dans vos murs la foule est réunie;
Et pour les y fixer, Apollon veut chez vous
  Fonder la fête du génie.

FIN.

Le privilege est aux Œuvres de l'Auteur.

De l'Imprimerie de PRAULT, Imprimeur du Roi,
  Quai de Gêvres.

www.ingramcontent.com/pod-product-compliance
Lightning Source LLC
Chambersburg PA
CBHW060913050426
42453CB00010B/1705